ありさん こっつんこ

せんの うえを なぞって いくと、どこかで ありさんと ありさんと こっつんこ！
さぁ、「よーい ドン！」の あいずで いっしょに スタートです。
いくつの アイテムを ゲットできるかな？？

しばふって きもちいい

みどりの しばふが きもちいいね。
かぞくや おともだち、むしや おはななどを かいて
すてきな しばふを かんせいさせてね。

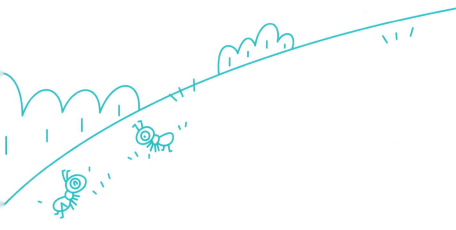

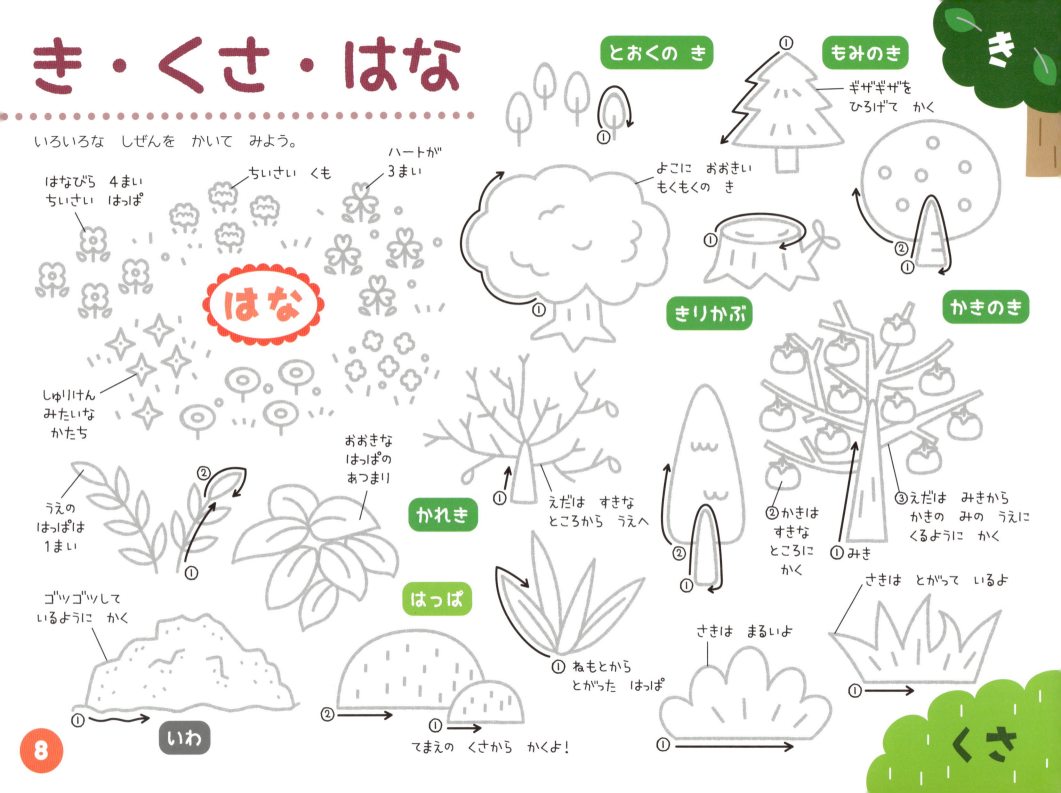

★じゆうに　かきましょう★

かお

かおの ちゅうしん（まんなか）が わかると、めや みみの いち、くびの ふとさ、まゆげや かみのけで、こども・おとな・おとしよりに わけることが できます。すこし きを つけて かいて みましょう。

こども / おとな だね!!

あかちゃん

かみのけは すくなくて フワフワ
めと みみは まんなかより した
① かおは まるくて ちいさい

ようじ

めと みみは まんなかより した
① かおは よこに まるい
くびは みじかい

しょうがくせい

めと みみは まんなかより した
① かおは まるい かたち
くびは みじかい

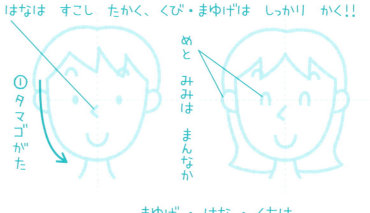
がくせい

はなは すこし たかく、くび・まゆげは しっかり かく!!
① タマゴがた
めと みみは まんなか

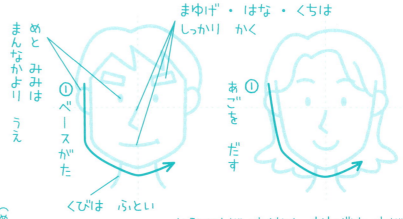
おとな

まゆげ・はな・くちは しっかり かく
めと みみは まんなかより うえ
① ベースがた
くびは ふとい
① あごを だす

おとしより

かみのけが すくなく、まゆげは さがる
めと みみは まんなか
（めがねは めよりも したに かこう！）
① あごを なめらかに
しわを かく

★じゆうに　かきましょう★

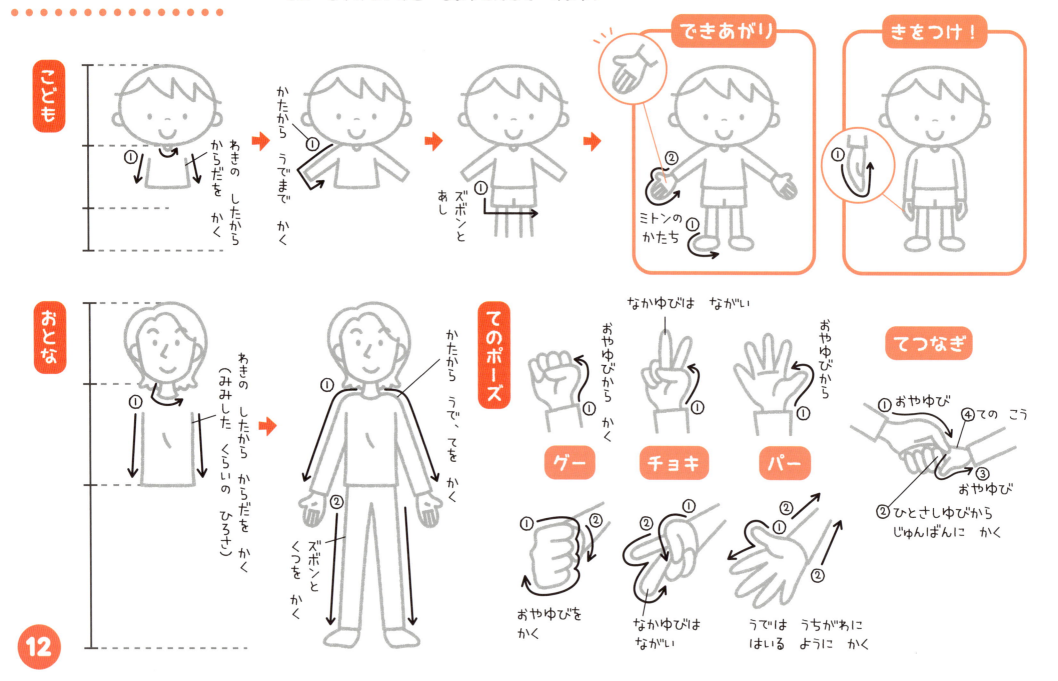

★じゆうに　かきましょう★

ポーズ（その1）

はしる

かおの まえの ては すこし おおきい

ひざは おおきく かく

みぎて まえ

ひだりあし まえ

しゃがむ

ほほの いちから うでを だす

わきに ひざが くる

かおは したむき

ひざを まげた あし

なげる

みぎて まえ

かたが まんなかの いち

ひだりあし まえ

ける

すこし からだ ななめ

ひざを まげる

とぶ

グーを かいてから もちてを かく

くちの したに くびが ある

★じゆうに　かきましょう★

★じゆうに　かきましょう★

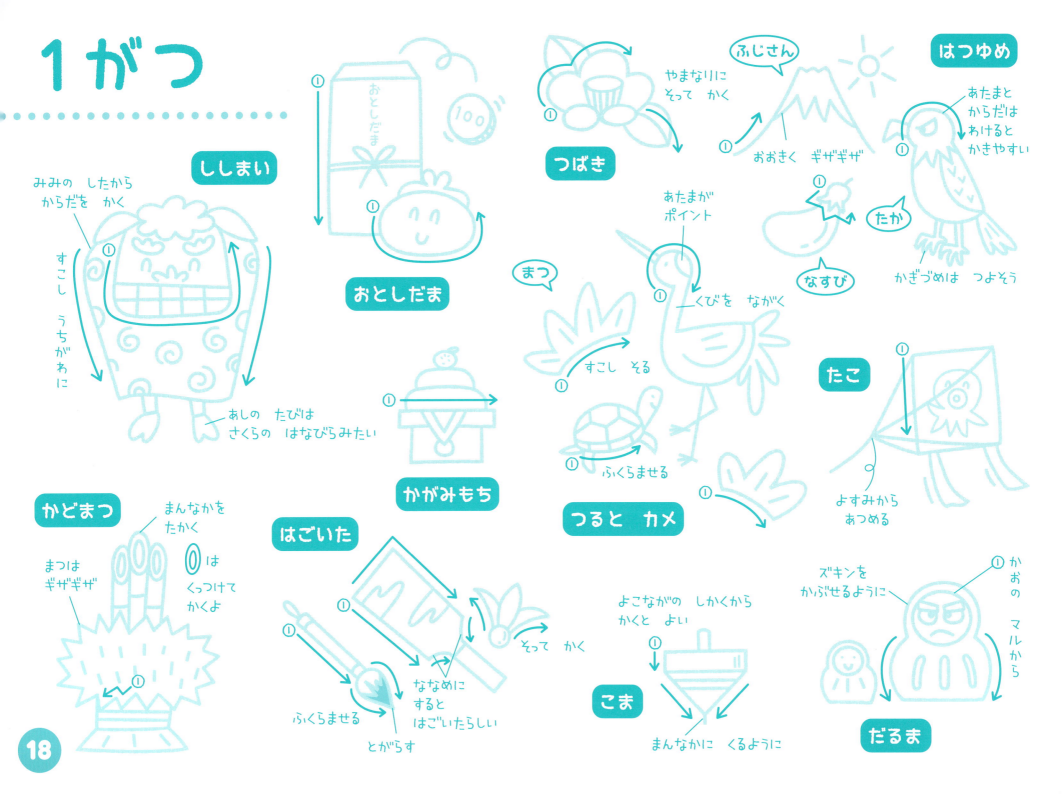

★じゆうに　かきましょう★

2がつ

おに
- あたまは くもがた
- からだは ひろがるように かく
- ひじは まげる

こんぼう
- そとの つの
- なかの つの

ゆきだるま

ます
- ①あくは ダイヤの かたち
- まっすぐ したへ 3ぼん おなじ ながさ
- つなぎあわせる

ゆきの けっしょう
- ①たてせんを かく
- よこの せん ②
- したから えだわかれ
- ①たての せん
- つのを かく

ゆきうさぎ
- からだは かまぼこの かたち

うめと うぐいす
- えだは さきに いくと ほそく なって いるよ
- はなから かく ①
- からだは タマゴがた

バレンタインデー

うすと きね
- よこに ながい まる
- まっすぐ したへ
- ふくらませる
- さきは すこし ほそい

すいせん
- はなびらは 6まい
- さきは まるく
- はっぱは ほそながい

おもち
- よこに ながい まる

★じゆうに　かきましょう★

せつぶん

あかおに

あかおに あおおに どちらが
こわい かおかな？

あおおに

3がつ

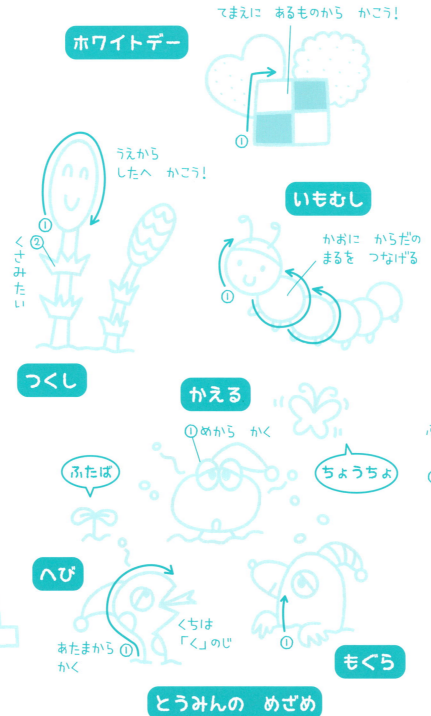
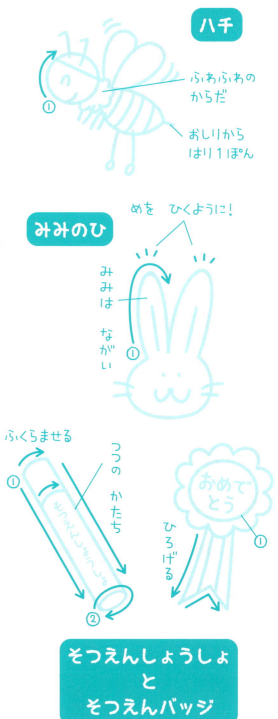

★じゆうに　かきましょう★

おともだち

だいすきな おともだちの かおを れっしゃの うえに かいて みよう！
なまえも わすれずに いれてね。

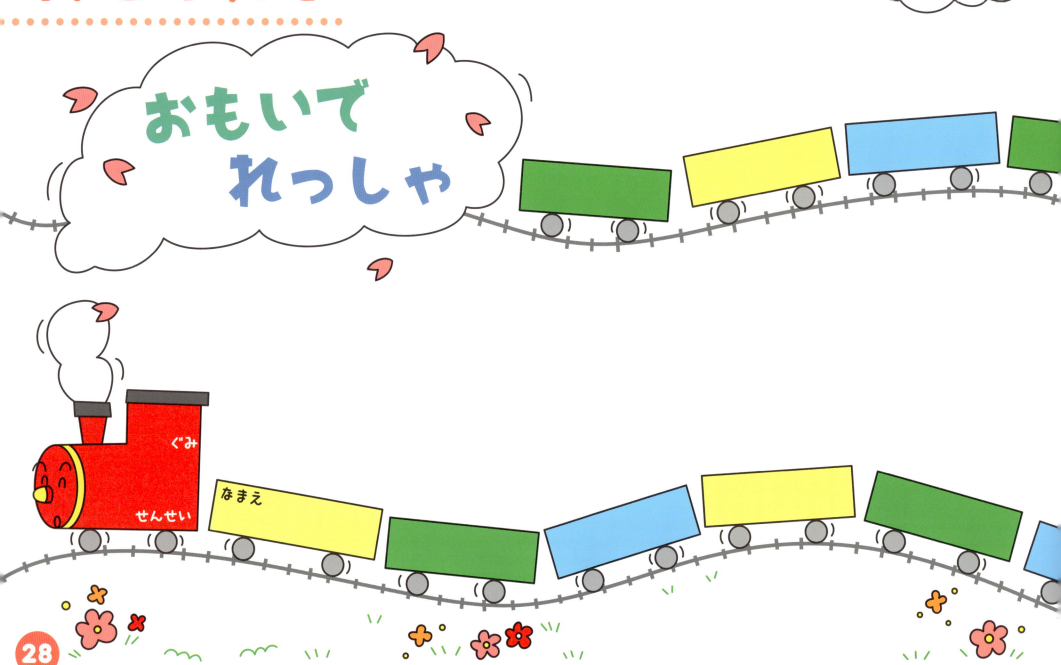

おもいで れっしゃ

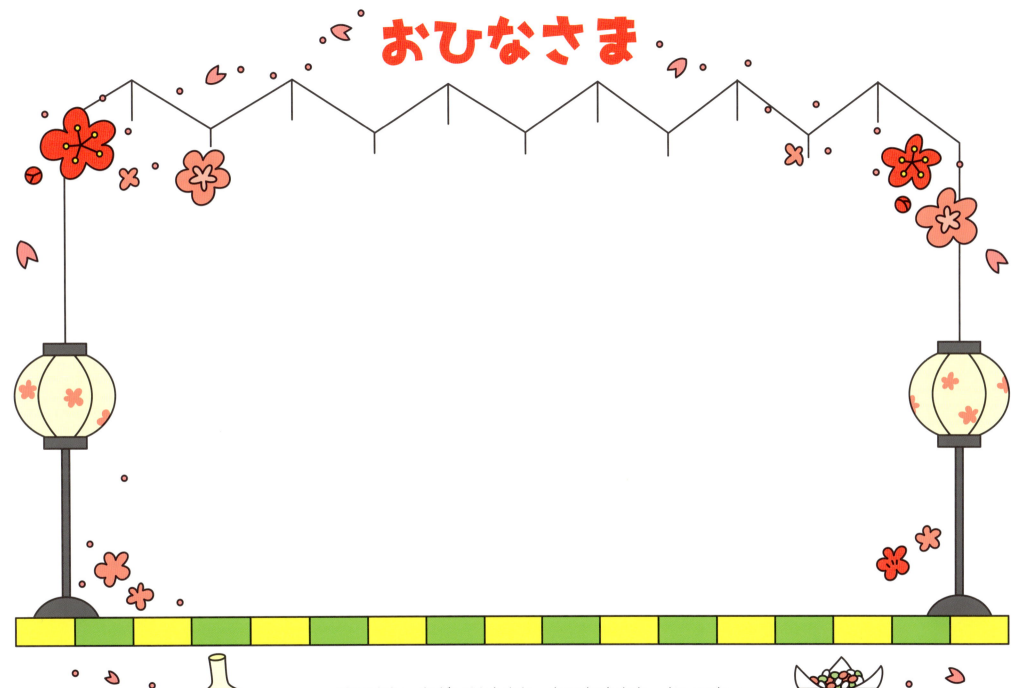

すてきな おだいりさまと おひなさまを かいてね

★じゆうに　かきましょう★

あたらしいおともだち

えんには あたらしい おともだちが いっぱいです。
おすなば、なわとび、おにごっこ。サッカー、むしとり、かくれんぼ。
おはなや うさぎも かいて みよう！！

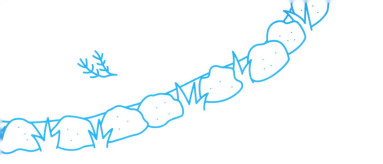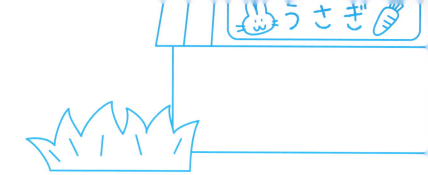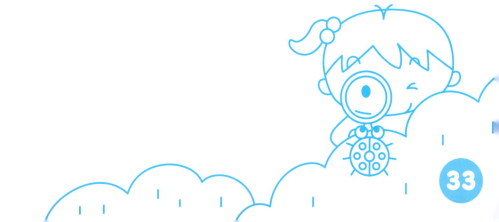

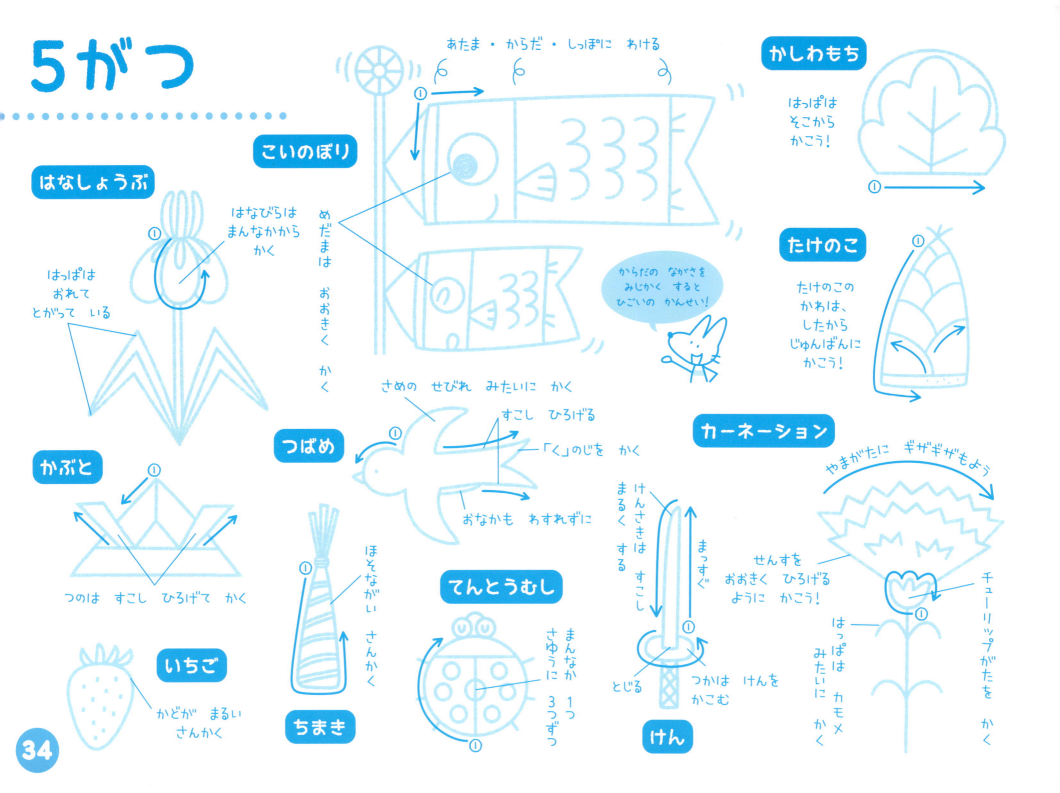

★じゆうに　かきましょう★

こどものひ

げんきな こいのぼりを たくさん およがせてね。
みどりの しばふの うえで かしわもちを たべよう!
おはなも むしも はっぱも かいてね。

ははのひ

おかあさん いつも ありがとう！

とびっきりの えがおを かこう!!

なまえ		ねんれい	
	より		さい

★じゆうに　かきましょう★

あめあがり

くもの あいだから にじが かかったよ。
ながぐつ はいて ピチャ ピチャ ピチャ！！
おおきな みずたまり たのしいね。
かえるも かたつむりも
いっしょに あそぼう！！

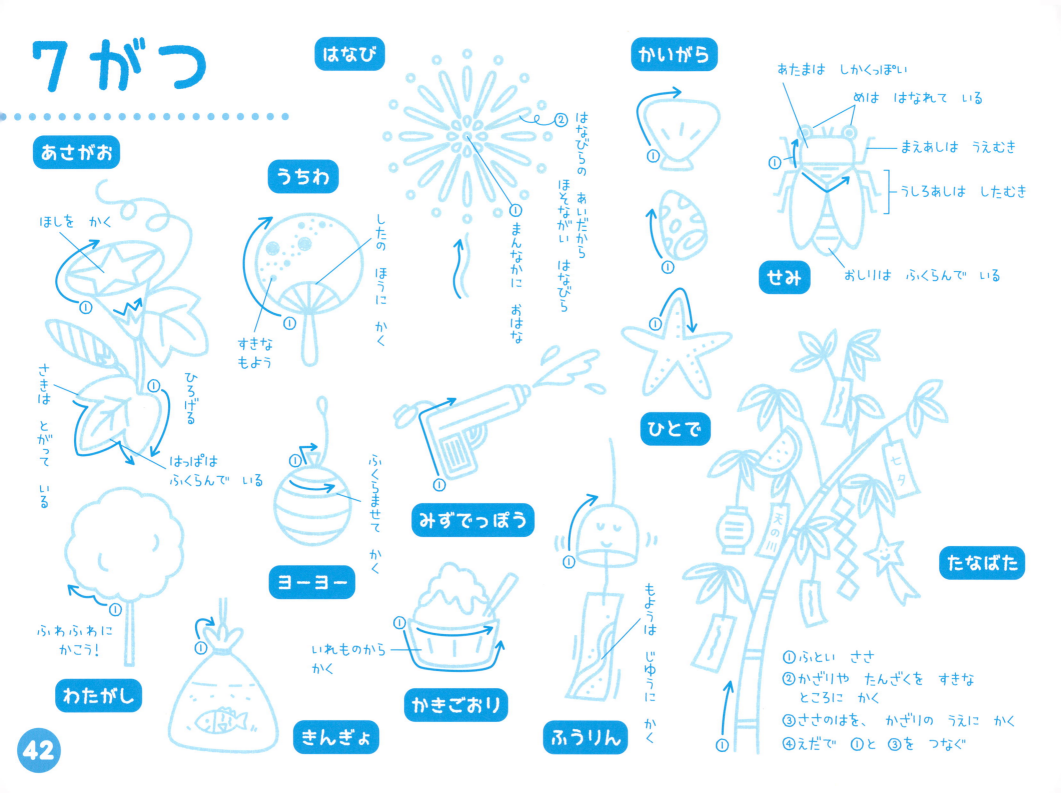

★じゆうに　かきましょう★

たなばたまつり

ささの アーチに、はっぱと すてきな かざりを つけてね。
わたがし、ヨーヨー、きんぎょすくい。
おまつり だいすき!!
ねがいごと とどきますように……。

いまの ねがいごとは……

プールあそび

ビシャ ビシャ！ バシャ バシャ！ みずあそびは たのしいね。
みずでっぽうや シャワーも あるよ！
みんな いっしょで きもちいい〜！！

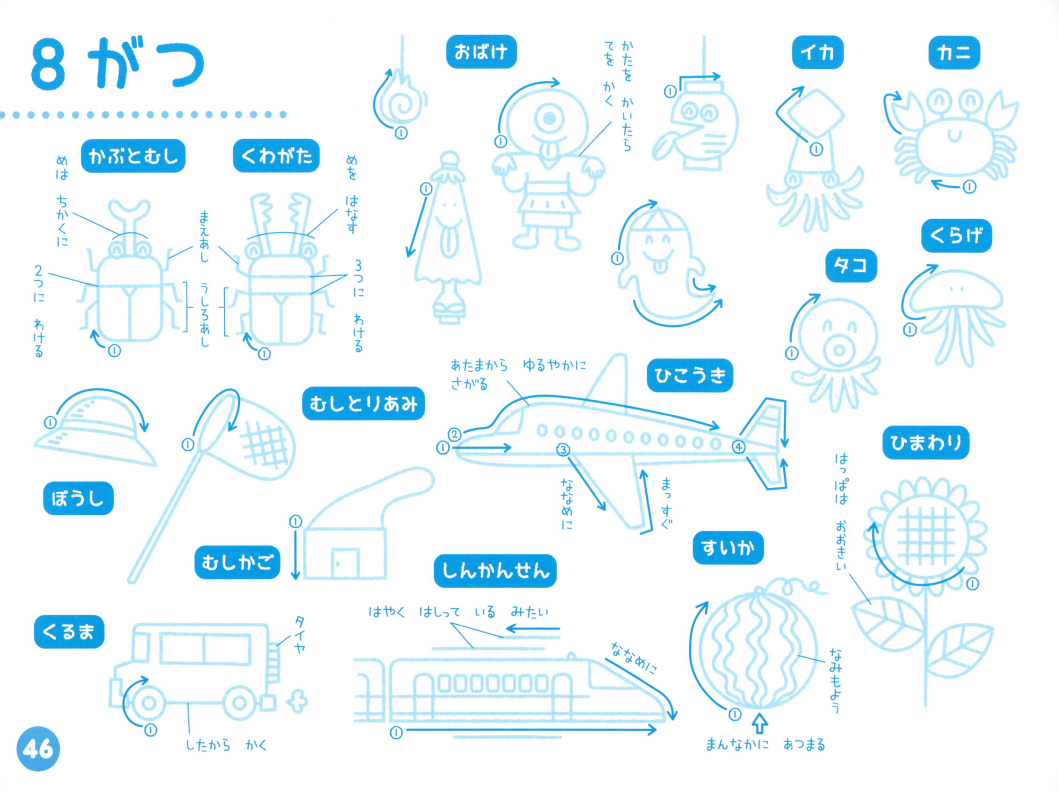

★じゆうに　かきましょう★

きもだめし

おばけたち だいしゅうごう！！
どの おばけが こわいかな？
みんなで おどろかせちゃおう

むしとり

むしとり、いきもの だ〜いすき！！
とる ときは ドキドキするけれど とれた ときは すごく うれしいよね。
き・くさ・むしを たくさん かこう！

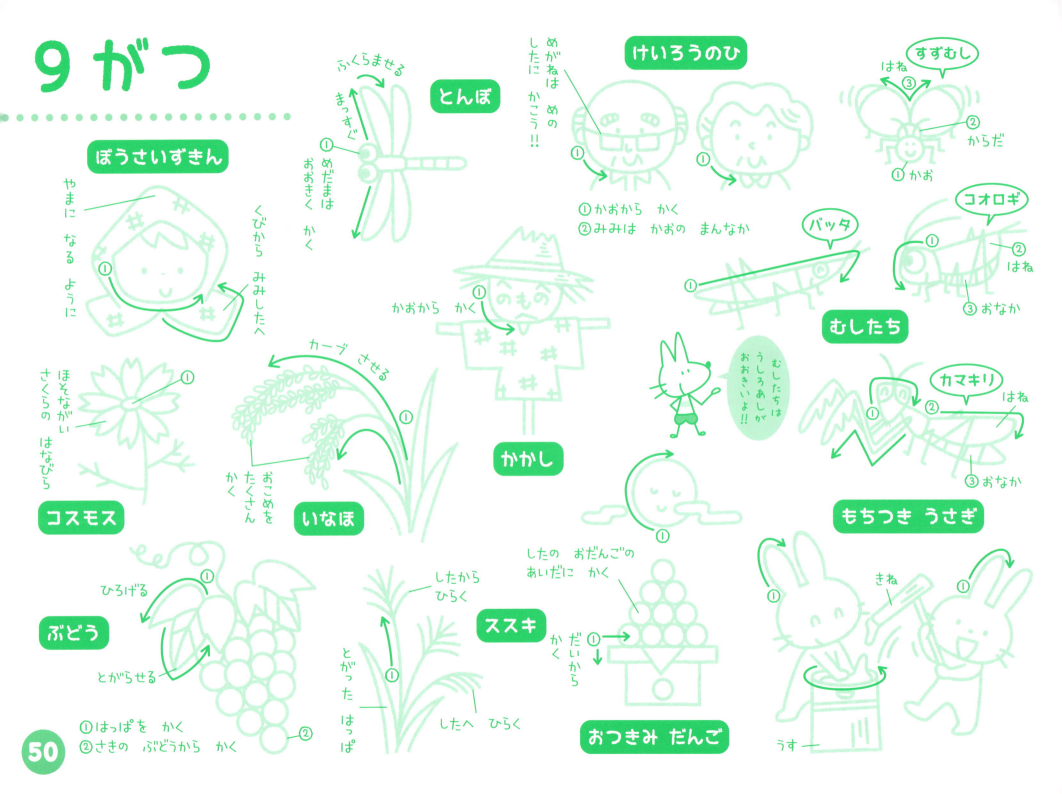

★じゆうに　かきましょう★

おつきみ

じゅうごやは まんまる おつきさま。
ほんとうに うさぎさんが いるのかな？
なにが みえるか かいて みよう！
おだんご、すすきも かざってね。

けいろうのひ

おじいちゃん・おばあちゃんの
かおを かいてね。

おじいちゃん・おばあちゃん いつまでも げんきでね！

なまえ		ねんれい	
	より		さい

10がつ

くり
① てまえの くりから かきはじめるよ
※トゲトゲは さいごに かく
かどは まるい

さると かに

ハロウィーン

かき
しゅりけん みたい

なし
ポツポツ

カラス
くちが おおきい
① めだまから かく

ばんこくき
もようは じゆうに かいてね

うさぎと カメ
ひだりてが まえ
みぎてが うしろ
みぎあしが まえ

はた

トロフィー

メダル

ダンス
① かおから かく
ポンポン

たまいれ

★じゆうに　かきましょう★

うんどうかい その①

たのしかった うんどうかい。ばんこくきも すてきですね。
どんな きょうぎを したのかな？
さあ、じょうずに かいて みよう!!

| きょうぎ |

その②

きょうぎ

11がつ

もみじの かきかた
ながく

おちば
もみじ
いちょう

きのこ
もようは じゆうに いれる

りんご
にんじん

おにぎり
ポコポコ ちいさい ツブ
かどが まるい さんかく

おべんとう

おいも
かたちが へんな ほうが おもしろい
はっぱは ハートがた

みのむし
めだまから かく
①かおから かく

りす
②からだを すこし ひろげる

プチトマト
ほしがた

ウィンナー
②キバ
①くち

したに すじを いれると あしが めくれた かんじに かける

モコモコの せん あったかそう
りったいに みえる

どんぐり

まつぼっくり
やまに なる ように

エビフライ
こまかく モコモコの ころも
とがった ハート

ブロッコリー
きりこみを いれる

★じゆうに　かきましょう★

おいもほり

おおきな おいも、ちっちゃい おいも。
へんてこな かたち、りっぱな かたち。
どんな おいもが でてくるのか たのしみです。
はっぱも じょうずに かけるかな？

★じゆうに　かきましょう★

クリスマス

クリスマスパーティーが　はじまるよ！
かぞく　みんなで　おいわい　しましょう。
ごちそうに、ツリーの　かざりつけ……。
プレゼントも　たのしみですね！

おてがみ

サンタさんに おてがみ とどくと いいね。
どうか ねがいごとが かないますように……。
ほしい ものを おえかき しよう!!

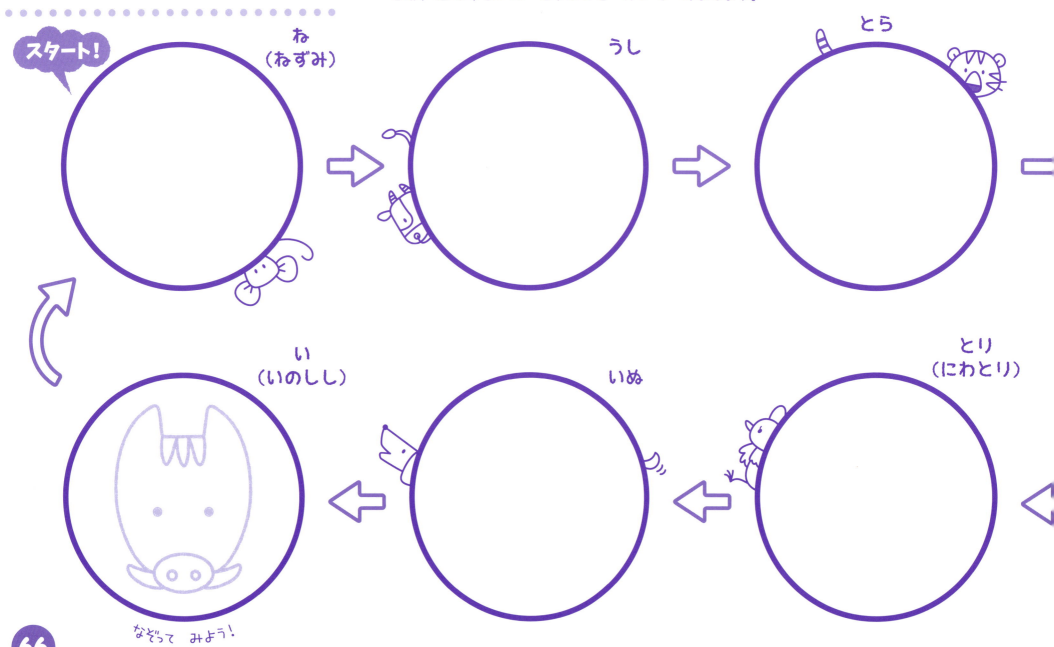

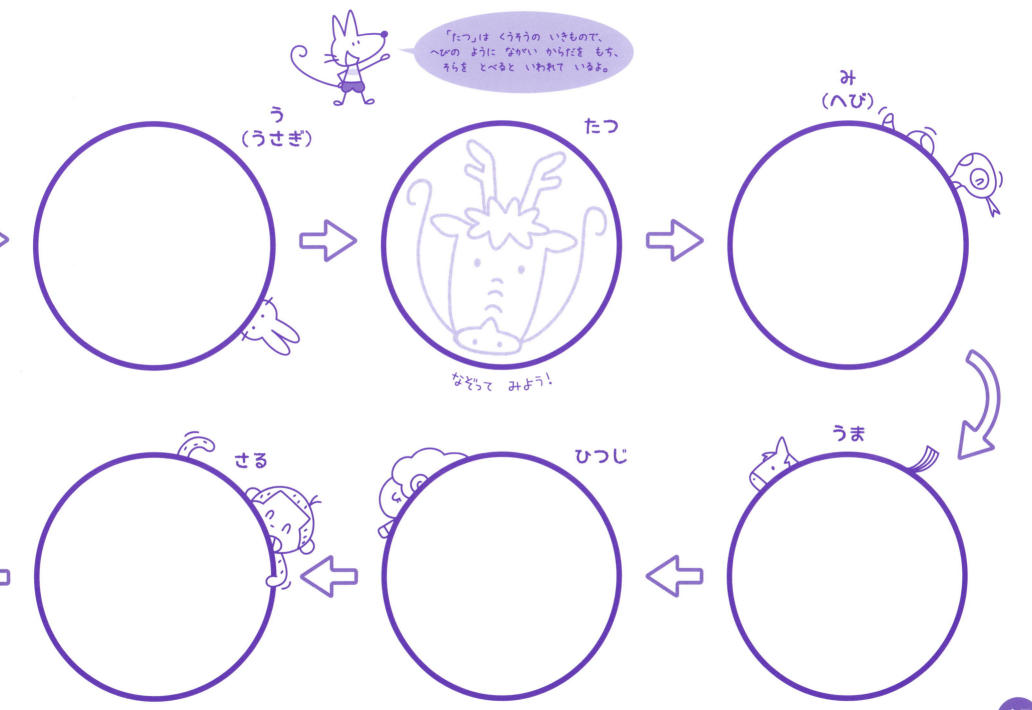

おえかきしりとり

やじるしの ほうこうに すすみながら、しりとりの えを かんせいさせよう！

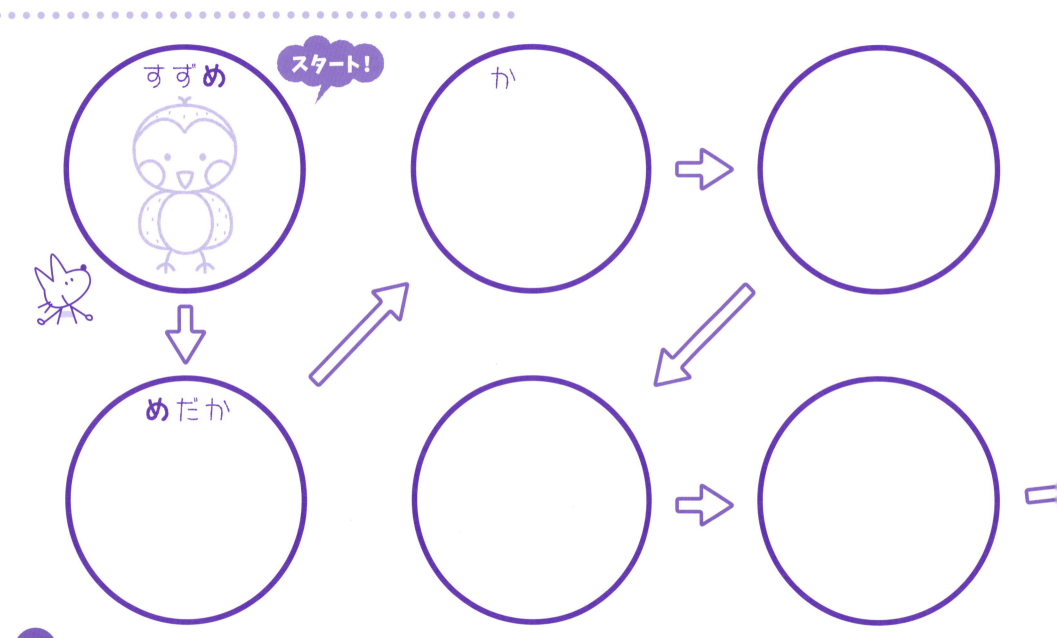

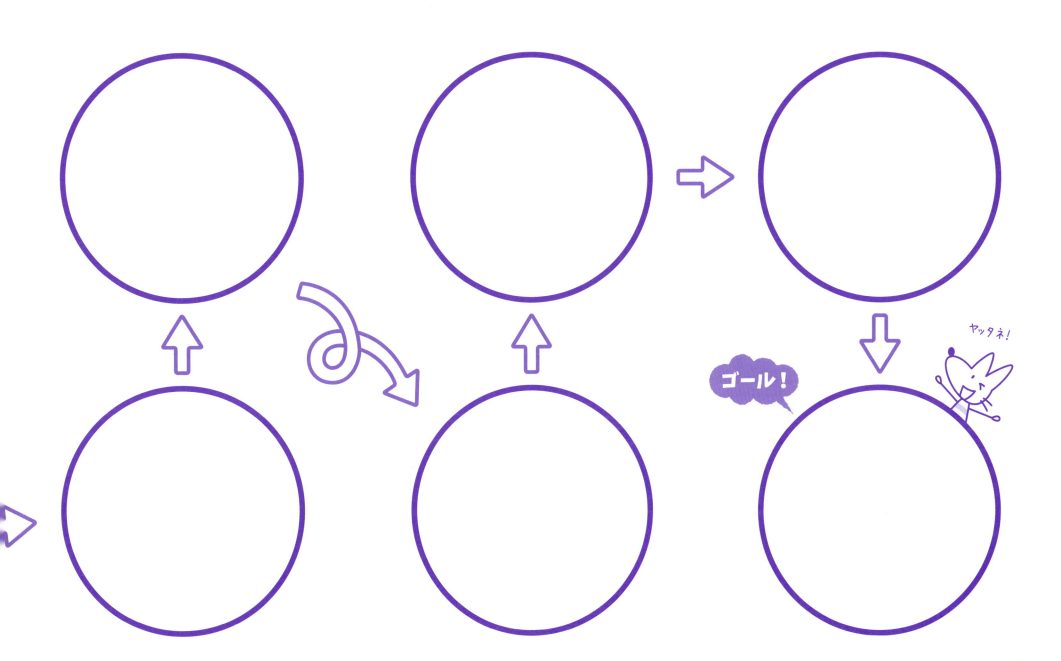

ふうけいを かいて みよう!! はる

おはなみの ふうけいです。
まえに くる ものや ひとは おおきく、
うしろに ある ものは ちいさく かきます。
①〜⑦が かけたら あとは じゆうに かきましょう。

はなより だんごだね!

① さくらのきを おおきく かく
② そらと じめんの さかいを かく
③ とおくの きは ちいさく かく
④ さくを かく
⑤ すいめんを かく
⑥ いわを かく
⑦ くさや はなを かく

まえに いる こから じゅんばんに かく

シートは ひとや ものを かいたら さいごに かく

てまえに くる こは おおきく かくよ!

いわ

★じゆうに　かきましょう★

ふうけいを かいて みよう!! なつ

かいすいよくの ふうけいです。
①〜⑥まで かいて みましょう。
ほかは、じゆうに かいて ください。

かいすいよく さいこう！

⑥ にゅうどうぐもを かく

① すいへいせんを かく

あおっぽく ぜんたいを ぬったら、さいごに しろいろで なみを かくと ひかって みえます

⑤ なみを かく
（すこし ずらして 2ほん かくと すてきです）

④ いわを かく
→こどもも かく

③ こどもを かく

② いわを てまえから かく

すなの てんを いっぱい かこう！

★じゆうに　かきましょう★

ふうけいを かいて みよう!! あき

いろんな いろの はっぱが きれいな あきです。
おちばや きのみを たくさん かきましょう。
もみじの あか。いちょうの きいろ、かれはの オレンジに みどりの は。
①〜⑥まで かけたら じゆうに かいて いろを つけて みましょう。

③いちょうの きを かく
⑤じめんを かく（すこし みぎに さがって いるね）
④みちを かく てまえは ひろく かく
⑥とおくの やまや きを かく
①どんぐりの きを かく うしろの きを ちいさめに かく
②もみじの きを かく

★じゆうに　かきましょう★

ふうけいを かいて みよう!! ふゆ

まっしろな ふゆです。
ゆきあそびが たのしそうですね!
①〜⑤まで かいたら すてきな ゆきげしきを かんせいさせてね!

④うしろの やま
③いえや きを かく
①いえの まえの みち
②どうろ
みちが せまく なると くるまも ちいさく なるよ
⑤もみのき
てまえの こどもは おおきく かこう!

★じゆうに　かきましょう★

むかしむかしの　おはなしです
さるどんが　かきの　たねを　ひろいました
かにどんは　おむすびを　ひろいました
2ひきは　ばったり　であいました

「かにどん　かにどん　そのおむすびと　このかきの　たねを　とりかえようよ
まいとし　たらふく　かきが　たべられるよ」
「いいよ！」
さるどんと　かにどんは　おむすびと　かきの　たねを　とりかえました

かにどんは かきの たねを にわに うえ
こどもたちと まいにちまいにち おみずを あげて
たいせつに そだてました

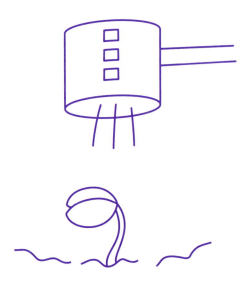

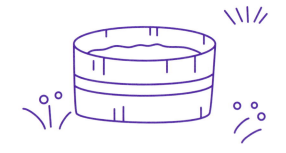

♪ はやく めを だせ かきの たね
♪ ださぬと はさみで ほじくるぞ！
♪ はやく みに なれ かきの きよ
♪ ならぬと はさみで ちょんぎるぞ！

かきの きに どっさり みが なりました
けれど かにどんは きに のぼれませんでした
そこへ さるどんが やってきて
「どれどれ おいらが とってやろう！」
さるどんは スルスルっと かきの きに のぼり
きの うえで ムシャ ムシャ ムシャ…

「さるどん はよう かきの みを とっておくれ」
「あいよ！ そんなに ほしけりゃ これでも くらえ！」
「いたいよ〜」
さるどんは かたくて あおい かきの みを なげつけました

おおけがを した かにどんを しんぱいして
うすどん・はちくん・くりくん・うんちくんが おみまいに きました
「ひどい さるどんだ！ よーし、みんなで こらしめて やろう！」

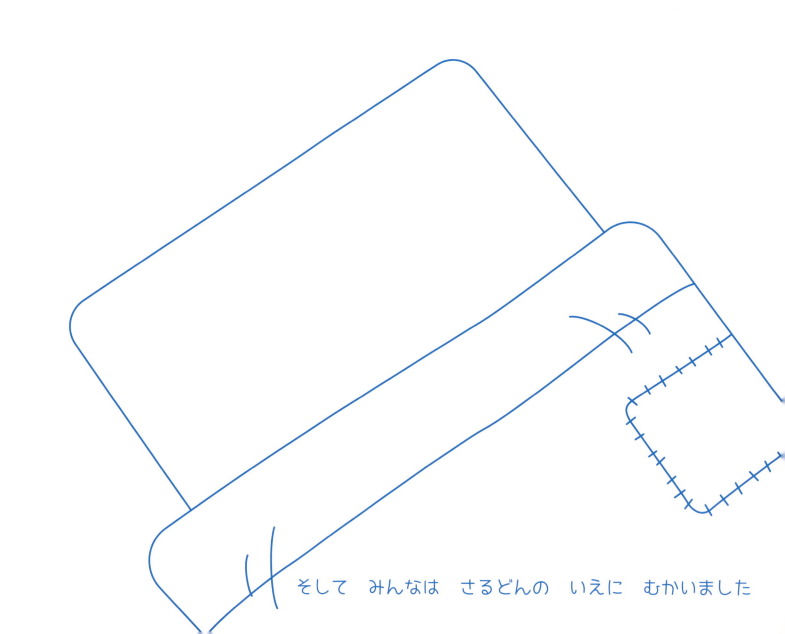

そして みんなは さるどんの いえに むかいました

さるどんの いえに とうちゃく
さくせんを たてて みんなは
それぞれの ばしょに かくれました
くりくんは いろりの はいの なか
こがにたちは みずがめの なか
はちくんは との かげ
うんちくんは いりぐちの はし
うすどんは やねの うえ

さぁ さるどんが かえって きました

「おー さむい さむい」さるどんが いろりの まえに いくと
あつあつに やけた くりくんが さるどんの かおを めがけて パチーン！
「アチチチチ……みず！ みず！」

あわてて みずがめに むかい ザブーン!!
「おかあさんのかたき!」こがにたちが てや あしを チョキチョキ!
「いててて……!!」
そして はちくんが さるどんの おしりを チクリ!

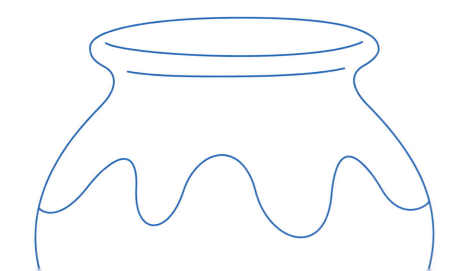

「ギャー いたいよぅ～」
いそいで そとに にげだしました

いりぐちで まっていた うんちくんを ふんで
「ツルリン！」
そのうえから うすどんが 「ドッシーン！」

「うわ～ん！ ごめんなさい
もう いじわるしないよぅ～」

それから さるどんは こころを いれかえて
いじわるを しなくなりました
かにどんも げんきに なり
みんなで なかよく くらしましたとさ

おしまい

どうよう えかきうた こぎつね

どうようで おえかきを して みよう！
かしの したの せんに あわせて かきます。（ ）の ところは かかずに おやすみします。
うたの はねる リズム・きる リズム・ながれる フレーズを かんじながら、
リズムに のって かいて みて ください。

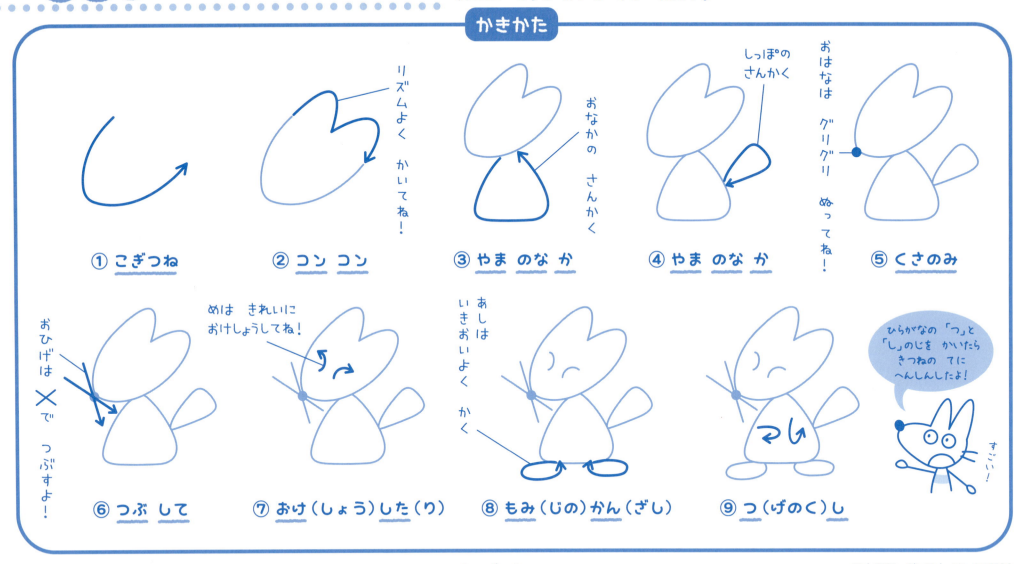

♪こぎつね

日本語詞 勝 承夫／ドイツ民謡

★じゆうに　かきましょう★

どうよう えかきうた

もみじ

じぶんの おてての かたちが もみじに へんしん！
おとなの もみじは おおきいかな？

さきを ながく すると すてきな もみじに なるよ！

かきかた

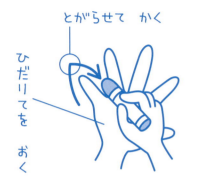
① あ（かい）あ（かい）

② もみ じの は

③ もみ（じの）はっ（ぱは）

④ きれ いだ な

⑤ （ぱっとひろげた）

⑥ あか ちゃん の

⑦ おて ての よう で

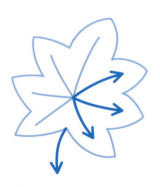
⑧ かわ いい な

♪もみじ　　　　作詞 古村徹三　日本教育音楽協会／作曲 日本教育音楽協会

★じゆうに　かきましょう★

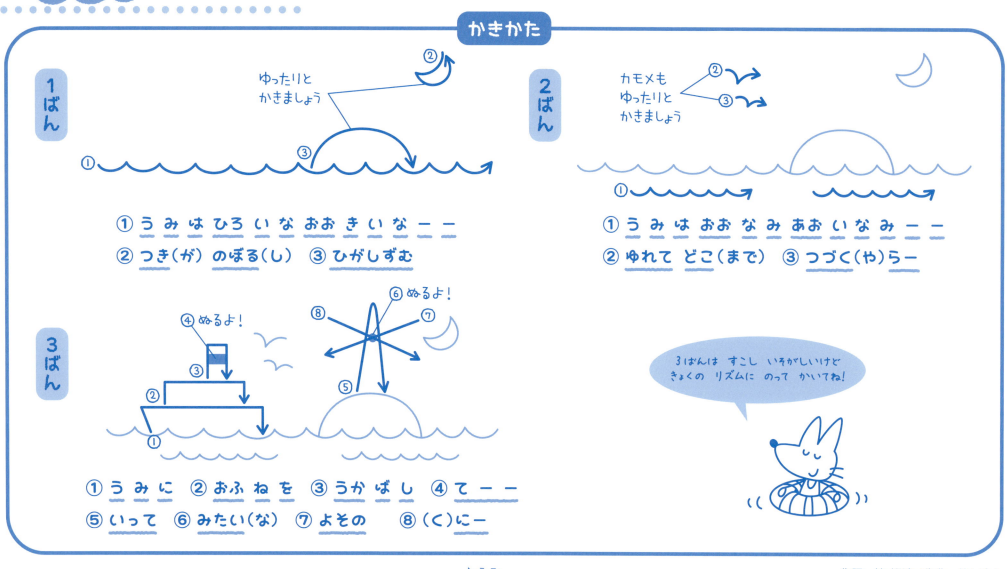

★じゆうに　かきましょう★

どうよう えかきうた　アイアイ

かおは　ハートがた、めは　えいごで　アイ。
うたの　まねっこ（アーイアイ）（アイアイ）の　ところは、
おおきな　こえで　うたってね。

かきかた

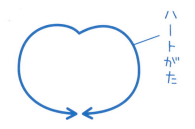
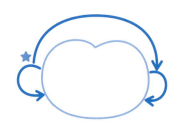

① アーイアイ（アーイアイ）
　アーイアイ（アーイアイ）

② おさ（る）さーん（だ）よー

③ アーイアイ（アーイアイ）
　アーイアイ（アーイアイ）

④ みなみの（しま）の

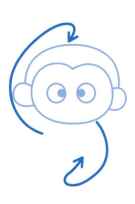

⑤ アイアイ（アイアイ）
　アイアイ（アイアイ）

⑥ しっぽのながいー

⑦ アーイアイ（アーイアイ）
　アーイアイ（アーイアイ）

⑧ おさる さん（だ）

⑨ よー～

♪アイアイ

作詞　相田裕美／作曲　宇野誠一郎

★じゆうに　かきましょう★

おやこでらくらく 1日 7 分で
おえかき じょうず になる本

発行日　2016年12月25日　初版第1刷発行
　　　　2021年 9 月15日　　　第3刷発行

作・絵：門山恭子
発行者：大村 牧
発　行：株式会社世界文化ワンダークリエイト
発行・発売：株式会社世界文化社
〒102-8192　東京都千代田区九段北4-2-29
電話　03-3262-5121（編集部）
　　　03-3262-5115（販売部）

印刷・製本：図書印刷株式会社
©Kyoko Kadoyama, 2016. Printed in Japan
ISBN978-4-418-16828-6

無断転載・複写を禁じます。
定価はカバーに表示してあります。
落丁・乱丁のある場合はお取り替えいたします。

レイアウト・データ作成：おがわようこ
どうようえかきうた監修：清水玲子
協力：新田川 聖美
JASRAC 出　1613614-903
編集：飯田 猛

門山恭子（かどやま きょうこ）

イラストレーター。幼稚園教諭を経て、NHK教育TV「うたって・ゴー！」のおえかきうたのおねえさんとして出演。現在、幼児のリズムダンスの振り付けや遊びの指導、音楽教材の制作・出版など幅広く活躍中。主な作品に『木の実のおてだまえほん』、『1日3分でおえかきじょうずになる本』、『1日5分でおえかきじょうずになる本』（すべて世界文化社刊）などがある。